SKILLS FOR COPYWRITING

キャッチコピーのつくり方

一瞬で心をつかむ、一生役立つスキル

Tetsuya Kawakami

川上徹也

日本実業出版社

キャッチコピーのつくり方・目次

序章

キャッチコピーをつくる前の大前提

STEP 1

キャッチコピーの目的 Why

なぜ書くのか? コピーを書く理由を明確にする

STEP 2

誰に？ いつ？ どこで？ Who, When, Where

誰に、いつ、どこで伝えるかを決める

STEP

3

何を言うか？ What to say

STEP

4

どう伝えるか？　How to say

STEP 5 おさらい

序の序

本書の担当編集である日本実業出版社の川上聡です。

この小さな本は、生成ＡＩにとって代わられようとしている「キャッチコピーのつくり方」を人間の手に取り戻すために必要不可欠な1冊になるでしょう。

著者の川上徹也さん（以下カワテツさん）は同姓ですが、親戚ではありません。

カワテツさんの存在をはじめて知ったのは、２００８年11月、デビュー作『仕事はストーリーで動かそう』を書店で見つけたときです。

ビジネス書の編集者として、書店には定点観測的に足を運んでいて、新刊をチェックするのが日課でした。

明らかに今ヒットしている本を意識したタイトルや装丁が多い中、『仕事はストーリーで動かそう』には、タイトルと装丁ともに何か「新しい風のようなもの」を感じたのを今でも鮮明に覚えています。

当時は「ストーリー」と言えば小説や映画、ドラマなどのフィクションの中の話で、ビジネスの文脈に「ストーリー」を用いるというテーマはとても斬新だったのです。

その後も『価格、品質、広告で勝負していたら、お金がいくらあっても足りませんよ』『明日、会社がなくなっても、自分の名前で勝負できますか？』などの挑戦的なタイトルの本を出し続けるカワテツさんのことをベンチマークし続けていました。いつか本を一緒につくれたらと密かに思っていたのです。

その機会は意外に早くやってきました。

とある出版の勉強会でたまたまカワテツさんと同席して、その後お話しする機会があったのです。

カワテツさんは、当時私が編集した『文章力の基本』をほめてくださり、「あのフォーマットで『キャッチコピー』をテーマにして書いてみたい。今までの本はすべて『ストーリー』がテーマだったので、そろそろ本職のコピーの本を出すタイミングだと思う」と語りはじめました。

さらに、「スタークリエイターが自分の作品を感覚的に解説する本ではなく、かと言って販促の担当者がとにかく現場で売るためのコピーの秘訣を教える本でもなく、一般のビジネスパーソンがコピーライティングのメソッドを知ることで自身のビジネスに役立つ本にしたい」という構想を教えてくれたのです。

当時（今でもですが）、編集者として本のタイトルや帯のコピーに悩むことが多かった私は「それはまさに自分が一番必要な本だ。ぜひとも担当させて欲しい」と思いました。

こうして「W川上コンビ」が誕生し、2010年7月に世に出たのが『キャッチコピー力の基本』でした。

あの本がエポックメイキングだったのは「クリエイティブという特権を民主化し、普通のビジネスパーソンに普及させたこと」だと考えています（ちょっと大げさな表現をお許しください）。

それまでコピーライター、販促マン、雑誌編集者などが、暗黙知として使っていたテクニックを明文化して、一般のビジネスパーソンにも応用できるように、やさしくそれでいて読み続けても飽きさせない口調で紹介した本は今までになかったものでした。

当時、ビジネス書の「書評ブロガー」ブームだったこともあり、多くの「アルファブロガー（今で言うインフルエンサー）」たちが我先にと紹介してくれました。

彼らがブログのタイトルに悩んでいたこともあると思いますが、

それだけでなくあの本が持っていた「新しい風のようなもの」を感じてくれたからだと勝手に思っています。

その後、類書は数多く出版されていますが、当時の『キャッチコピー力の基本』を超える新しさを感じる本はないでしょう。

以降も、カワテツさんが精力的に本を出していくのを見続けていました。しかし不思議と「キャッチコピー」がタイトルに入った本は、ほかにありませんでした。

たまたまなのか、意識してのことかはわかりませんが、私には「いつかまたW川上コンビで前作を超える『キャッチコピーの本』を出そう」というサインだと勝手に思い続けていたのです。

結果として14年も経ってしまいましたが、2024年夏あらためて世に問うのが、本書『キャッチコピーのつくり方』です。

生成AIに頼めば、「それっぽいキャッチコピー」は何十案、何百案も瞬時に出してくれるような時代になりました。

カワテツさんははじめてChatGPTを試したとき、「プロのコピーライターの8割は5年後必要とされなくなるだろう」と感じたと言います。

こんな時代に価値を持つのは、量産されるそれっぽいコピーではなく、人間の心理を理解したうえで「何を」「どのように」伝えると、人の心を動かせるかを考え抜いてつくられた1行です。

本書は一度読んだだけでは、そのエッセンスのすべては吸収できないかもしれません。しかし、何度も何度も読むことで血肉化されていくはずです。

そして、きっと10年後、20年後も色褪せない本になると。

みなさまの本棚に末永く置いていただけることを願っています。

日本実業出版社　川上聡

重要なのは、
「どう」言うかより
「何を」言うかだ

デイヴィッド・オグルヴィ『ある広告人の告白』（海と月社）

何よりもまず、見出しには「得になる」ものを必ず盛り込むこと。
相手の欲しいものがここにあると見出しで知らせるのだ。
このルールはあまりにも基本的なので
言うまでもないことかもしれない。
ところが、毎日のように大勢のコピーライターが
このルールに反しているのだ。

ジョン・ケープルズ『ザ・コピーライティング』（ダイヤモンド社）

はじめに

忙しいあなたに「キャッチコピー力」を身につけるための核心部分を

本書は、日々忙しくすごすビジネスパーソンのために、**「コピーライティングの基本的な考え方」**と**「キャッチコピーをつくるプロセス」**について、簡潔かつ核心部分だけを解説したものです。

＊コピーライティング
もともとは「広告文（copy）を書く（writing）」こと。そこから転じて「読み手の心を動かし行動を促す文章を書く」技術全般に使用される。

根幹の部分に絞って語っているので、さまざまな分野に活用しやすいのも特徴です。

その守備範囲は、「広告」「販促」のキャッチコピーだけではありません。

マーケティング戦略を立てるときの「コンセプトの立案」をはじめ、「企画書」「メール」「案内文」「WEBコンテンツ」「プレスリリース」など、さまざまなビジネス文章のタイトルや見出しにも活用できます。

このように「広告コピー」を書くだけでなく、広く「人の心をつかむ言葉を見つけ短く的確に表現する能力」のことを、

＊キャッチコピー

広告文の中でメインとなるコピーのこと。通常は短い文章で大きく表示される。和製英語で「ヘッドライン」「キャッチフレーズ」が正しいが、日本では「キャッチコピー」のほうが通りがよくわかりやすいので本書でも使用している。

「キャッチコピー力」

と名付けました。

「キャッチコピー力」が役立つのは、ライティングの場面にとどまりません。

経営戦略、事業構築、商品開発など、経営の根幹に関わる「理念」「パーパス」「ビジョン」を生み出すこともできます。リーダシップや組織運営などにも、言葉は重要な役割を果たします。

言葉は、あらゆる企業活動の中心にあります。「キャッチコピー力」は、多くのビジネスパーソンにとって必要不可欠な能力なのです。

＊キャッチコピー力

「人の心をつかむ言葉を見つけ」

＝何を言うか（What to say）

「短く的確に表現する能力」

＝どう言うか（How to say）

この造語をタイトルに入れた『キャッチコピー力の基本』という本を2010年に上梓しました。

おかげさまで発刊から14年たった今でも版を重ねてロングセラーになっています。海外でも翻訳され、中国、台湾では日本以上のベストセラーになっています。

コピーライター志望者や専門職に向けてではなく、一般のビジネスパーソンに向けてコピーライティングのメソッドを伝えるというコンセプトは、当時としては斬新でした。同じコンセプトをもとに企画されたライティング講座は、もう12年以上続いています。

ただし、少し反省もあります。『キャッチコピー力の基本』ではHOW（テクニック）に特化しすぎたということです。HOWを数

＊コピーライター
もともとは広告文を書く人のことを言う。筆者は「言葉の力を使って人の気持ちを動かし世の中のさまざまな課題を解決する人」と定義している。

多く知れば知るほど、活用できないことも多い。辞書的に使っていただく分にはいいのですが、あれもこれも覚えなきゃと思うと挫折してしまいがちです。

今回、『キャッチコピー力の基本』と同じ編集者の川上聡さんと再びタッグを組むにあたり、「本当に必要十分の背骨の部分だけを書いた本にしよう」というコンセプトを定めました。

本当に重要な部分を語るのに文字数はいらない。背骨だけをきっちり理解して覚えることで、再現性が高くなり、その結果、身につくのです。

参考にしたのは『アイデアのつくり方』という古典的名著です。序文や解説を除くとわずか50ページほどの本ですが、アイデアの発

＊『アイデアのつくり方』（CCC メディアハウス）
ジェームス・W・ヤング 著、今井茂雄 訳

想法はこの1冊で十分という高い評価を得ています。

本書は「キャッチコピーにおける『アイデアのつくり方』」を目指しました。しかし、その壁は想像以上に高かった。キャッチコピーを頭の中でどう考えてつくるのかということの言語化を試行錯誤し、何度も挫折しそうになり、企画から出版までに3年半かかりました。

目標が達成されたかどうかは、読者のみなさんの判断に委ねますが、ブックデザインはそのコンセプトを際立たせるため『アイデアのつくり方』へのオマージュとなっています。

『キャッチコピー力の基本』がHOWをこれでもかと入れ込んだ「エピソード1」だったとすると、本書は「キャッチコピー力を身につけるための考え方のプロセス」を、贅肉を極限まで削ぎ落として表現した「エピソード０」と言うべき1冊です。

本書で「キャッチコピーをつくるプロセスの背骨」を学んだのちに、ＨＯＷが書かれた本を参考にすると、真の「キャッチコピー力」が身につくことは間違いありません。

流し読みすれば30分もかからず読めるかもしれませんが、一生役立つ1冊になると確信しています。ぜひ、この本で、「一瞬で心をつかむ、一生役立つスキル」を身につけてください。

川上徹也

注

・本書ではコピーライティングの中でも、最初の1行目である「キャッチコピー」の考え方に特化して解説をしていきます。

・キャッチコピーの例には、括弧書きでスポンサー名などを添えていますが、現社名などとは異なることがあります。

カバーデザイン
西垂水敦（krran）

本文デザイン・DTP
浅井寛子

編集協力
戸田美紀

序章

キャッチコピーをつくる前の大前提

言葉を強くする方法

本論に入る前に、「キャッチコピー」をつくる際の原則中の原則をお伝えします。
それは、

強い言葉を使う

ということです。弱い言葉には、誰も反応しません。

ただし、このフレーズを使えば必ず「強い言葉」になるという魔法の言葉は存在しません。

強い言葉

相手の気持ちを動かす単語やフレーズ

誰が使うか、また時と場合によっても「強い言葉」は変化します。

たとえば「激安」という言葉は、一般的には強いと感じるのではないでしょうか。スーパーやショッピングセンター、ECサイトなどでこの言葉を見かけると、つい立ち寄りたくなる人も多いでしょう。

しかし、高級ホテルやハイブランドのショップで「激安」という言葉が使われていたらどうでしょう？　築き上げたブランドイメージが一気に崩壊してしまいます。

また、書籍のタイトルなどでよく使われる「魔法」という言葉も、一瞬にして何かを変えてくれるようなイメージがして、強い言葉だと感じるかもしれません。

もし、銀行で使われていたらどうでしょう？「魔法の定期預金」

なんてあったら一気に怪しくなってしまいます。

どうすれば言葉に「力」を宿らせることができるのか

このフレーズを使えば必ず「強い言葉」になるという魔法の言葉は存在しない。誰が使うか、また時と場合によっても「強い言葉」は変化する。

だとしたら、どうすれば言葉に「力」が宿り「強い言葉」になるのでしょう。

ここでは、言葉を強くする原則を3つお伝えします。

1 常套句（空気コピー）を使わない

「陳腐な言葉や一般論が消費者の耳に届くことはない」

広告のパイオニアとして知られるクロード・C・ホプキンスの著書『広告マーケティング21の原則』の中にある言葉です。

使い古された陳腐な言葉のことを「常套句《じょうとうく》」と言います。フランス語で「クリシェ」と呼ばれるものです。

もともとは新しく強い言葉であったとしても、多用された結果、その効力が失われてしまった言葉も数多くあります。

常套句でクリシェなフレーズを、私は「空気のような存在」の意味になぞらえて**「空気コピー」**と名付けました。

＊『広告マーケティング21の原則』（翔泳社）
クロード・C・ホプキンス 著、伊東奈美子 訳

「空気コピー」は、業種などによって異なります。

たとえば、食品業界における「こだわりの」「厳選した」、情報システム業界における「ソリューション」「最適化」「エンゲージメント」などは「空気コピー」の典型だと言えるでしょう。ほかにも「世界」「未来」などの言葉が入っているフレーズも「空気コピー」になりがちです。


競合商品や同業者が言っても成立するようなキャッチコピーは、多くの場合「空気コピー」です。

「空気コピー」では人の心は動きません。当然、望む結果が生まれることもない。

ちゃんと「気」を入れた**「本気コピー」**を書く。

＊空気コピー
その言葉があってもなくても変わらない空気のような存在のキャチコピーのこと。

そう決意して実践するだけでも、読み手が反応する「強い言葉」になる可能性は高まります。

2 言葉の化学反応を考える

「強い言葉」と言うと、まったく新しい言葉を発明しなければならない、と思っていませんか？

そういうことではありません。

それぞれの言葉は平凡であっても、組み合わせることで化学反応が生まれて「強い言葉」になることが多々あります。

印象に残る広告コピーは、平凡な言葉を組み合わせて化学反応を生み出しているものが多いです。

＊言葉を組み合わせて化学反応を起こしている広告コピーの例

「おいしい生活」（西武百貨店）

「こども店長」（トヨタ自動車）

「想像力と数百円」（新潮文庫）

「駅前留学」（NOVA）

「ココロも満タンに」（コスモ石油）など

また本、映画、テレビ番組、楽曲などのタイトルにも「言葉の組み合わせで化学反応を生む」という手法はよく使われます。

言葉の化学反応は、「オクシモロン(oxymoron)」から考えてみることも有効です。

「オクシモロン」とは修辞法の1つで、意味の矛盾する語句を並べて効果的な言い回しにするものです。日本語では「対義結合」「撞着語法」などと呼ばれています。

互いに意味が矛盾する表現を組み合わせることが基本で、シェイクスピアの『マクベス』に出てくる魔女の有名なセリフ「Fair is foul, and foul is fair(きれいはきたない、きたないはきれい)」でもこの修辞法が使われています。

＊言葉を組み合わせて化学反応を起こしているタイトルの例

書籍:『嫌われる勇気』『コンビニ人間』『沈まぬ太陽』『電車男』など

映画:『踊る大捜査線』『プラダを着た悪魔』『少林サッカー』など

楽曲:『丸の内サディスティック』『勝手にシンドバッド』など

「急がばまわれ」「公然の秘密」「負けるが勝ち」「生きる屍《しかばね》」「小さな巨人」などの慣用句もオクシモロンになっています。

いずれも矛盾した言い回しですが、簡潔ながら深い意味を持つ表現になっていることがわかるでしょう。

一時期、流行語になった「ツンデレ」「キモかわいい」なども、オクシモロンと言えるかもしれません。

このように、言葉の化学反応を起こすことで、「強い言葉」になります。その結果、読み手が反応する可能性が高まります。

3 リズム、語呂をよくする

言葉に「力」が宿り「強い言葉」になるには、リズムも重要です。

読みやすい文章は、声に出しても読みやすいはずです。

とくにキャッチコピーは、リズムや語呂で印象が大きく変わってきます。

キャッチコピーをつくったら、何度も声に出して読みながら自分の耳で確認してください。耳に残りにくい、頭に入ってこないと感じるものは、リズムがよくないことが多いです。

リズムや語呂をよくする手法はいろいろありますが、代表的なものを3つ紹介しましょう。

・3つの言葉を並べる

同じようなフレーズを3つ連続して並べることでリズムがよくなり記憶に残りやすくなります。

＊3つの言葉を並べることで記憶に残るフレーズ

・うまい、やすい、はやい（吉野家）
・清く正しく美しく（宝塚音楽学校）
・友情・努力・勝利（『週刊少年ジャンプ』）

これは日本語だけでなく世界共通です。

古代ローマ時代、ユリウス・カエサル（ジュリアス・シーザー）が送った手紙の文面に「Veni, vidi, vici（来た、見た、勝った）」というものがありました。3つの言葉を並べただけですが、少しの言葉で多くを語っている名文句です。だからこそ2000年以上の時を経ても語り継がれているのです。

3つ並べるという手法は、会社や商品、人などの特徴を覚えてもらうのにも効果を発揮します。

・韻を踏む

韻を踏むというのは、「語尾をそろえ、同じ音にする」ことです。音が繰り返されることでリズムや勢いが生まれます。

＊韻を踏むことで印象に残る広告コピーの例

・インテル入ってる（Intel）
・バザールでござーる（NEC）
・セブン－イレブンいい気分（セブン－イレブン）
・でっかいどお。北海道（ANA）

「韻を踏む」という手法は、古今東西を問わず詩や歌詞などで使われてきました。心地よくイメージが広がり記憶に残りやすくなるからです。名前を記憶に残す目的のキャッチコピーではとくに有効です。

・対句にする

対句とは、語格、表現形式が同一、または類似している2つの句を相対させて並べることを指します。

対句は、詩や慣用句でよく使われます。「帯に短し、たすきに長し」「前門の虎、後門の狼」「沈黙は金、雄弁は銀」などです。似たようなフレーズを2つ並べると、お互いのフレーズを際立たせ、リズムがよくなり、多少長くても記憶に残りやすくなります。

＊対句にすることで印象に残る広告コピーの例

・なにも足さない。なにも引かない。（サントリー山崎）
・裸を見るな。裸になれ。（パルコ）
・NO MUSIC, NOLIFE.（タワーレコード）

以上、リズムや語呂をよくすることで強いフレーズにする手法を見てきました。

「強い言葉にする」方法は、細かく語るとまだまだいろいろありますが、まずは解説した次の3か条の原則を覚えておいてください。

1 常套句（空気コピー）を使わない

2 言葉の化学反応を考える

3 リズム、語呂をよくする

川下コピーか？　川上コピーか？

もう1点だけ、本論に入る前に知っておいていただきたい前提があります。

読み手主役型か？　書き手主役型か？

どの階層で書くキャッチコピーかによって、コピーライティングの考え方がまったく違うということです。

47ページの図は企業活動のどの段階でコピーライティングをする

かを図式化したものです。

海は、お客さんやその候補である生活者を象徴しています。彼らに向かって直接届けられるメッセージのことを**「川下コピー」**と名付けました。

CMなどの広告、チラシやDMなどの販促物、店頭のPOPなどのほとんどは「川下コピー」です。

川下では、メッセージがお客さんや生活者の心にどう響くかを考慮しながら、生活者（読み手）の視点からコピーを構築します。つまり、川下コピーは「読み手主役型」のキャッチコピーになることが一般的です。

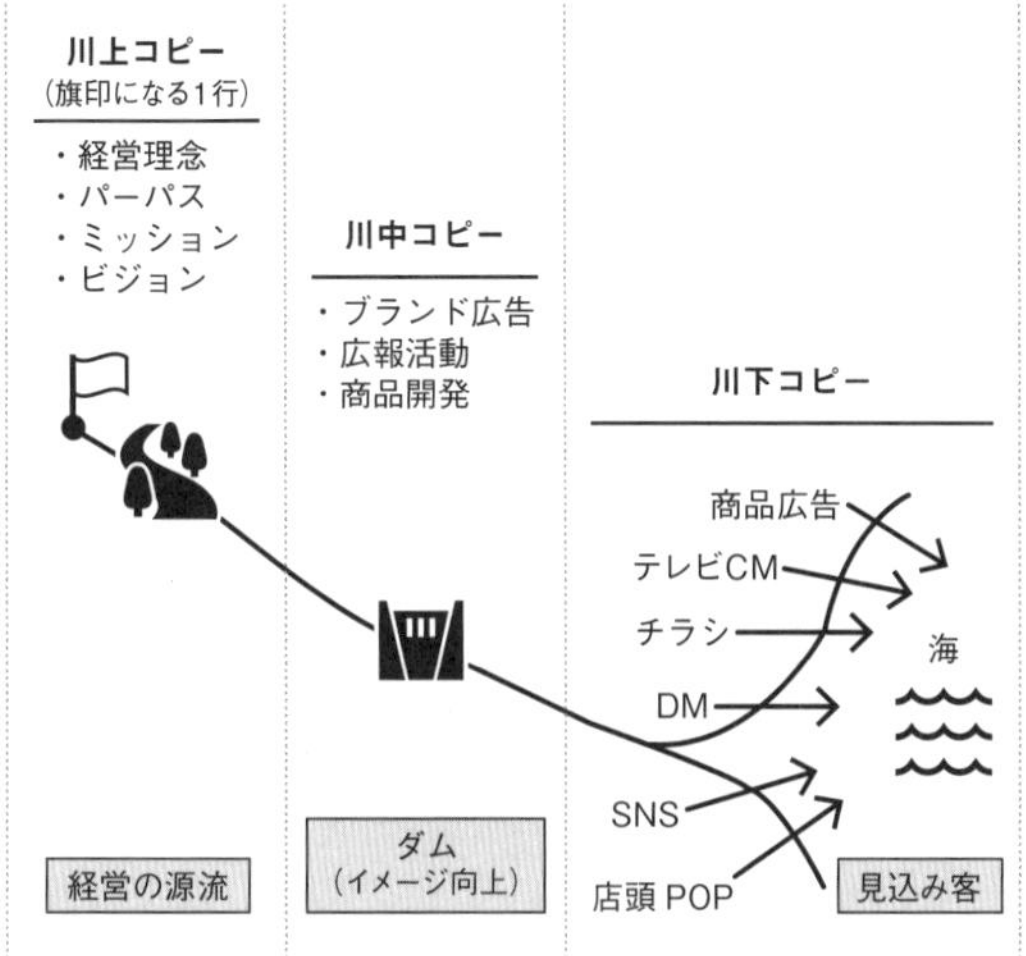

川下コピー	広告、店頭、SNSなど	読み手主役型が基本
川上コピー	経営理念、パーパス、コンセプトなど	書き手主役型が基本

一方、**「川上コピー」**は、企業やブランドなどの「源流」から発信され、その根本的な価値やめざすべき方向性を示すメッセージとして機能するキャッチコピーです。

企業やブランドが掲げる「理念」「パーパス」「ミッション」「ビジョン」、商品やサービスの「コンセプト」「方針」などに使われます。「タグライン」や「スローガン」と呼ばれることもあります。

「川上コピー」は、企業（発信側）の視点を中心に据え、意志を感じるフレーズにするため、「書き手主役型」のキャッチコピーになることが多いです。

企業活動を川の流れにたとえると、「川上コピー」で発したメッセージが「川下コピー」にも浸透していき、お客さんや生活者に対

＊「川上コピー」のつくり方は、拙著『川上からはじめよ』（ちくま新書）を参照。

して、より深く意味のあるコミュニケーションを実現することが理想です（大きな組織では、キャンペーン、ブランドメッセージ、企業広告などで使われる「川中コピー」も必要になります）。

企業活動で言うと、一番大切なのは源流で理念を旗印として掲げる「川上コピー」です。

しかし、再現性が高く、一般のビジネスパーソンが書く機会が多いのは、圧倒的に「川下コピー」です。

そこで本書では、「川下」での「キャッチコピー」のつくり方に絞って４つのプロセスから解説していくことにします。

STEP1　キャッチコピーの目的　Why
STEP2　誰に？　いつ？　どこで？　Who,When,Where
STEP3　何を言うか？　What to say
STEP4　どう伝えるか　How to say

では、いよいよここからが「キャッチコピーのつくり方」の本論です。

STEP

1

キャッチコピーの目的　Why

なぜ書くのか？　コピーを書く理由を明確にする

対象を徹底的にリサーチする

コピーを書く前に、最初にやるべきは、コピーを書く対象のことをよく調べ知ることです。

「現代広告の父」と呼ばれるデイヴィッド・オグルヴィは、その著書『「売る」広告』の中で次のように述べています。

「まず、これから自分が宣伝する商品について知ることだ。商品について知れば知るほど、それを売るためのビッグアイデアを思いつく確率が高まる。私がロールスロイスのアカウントを獲得したときは、3週間この車についての資料を読み込み、その結果時速100

＊『「売る」広告』（海と月社）
デイヴィッド・オグルヴィ 著、山内あゆ子 訳

キロで走行中の新型ロールスロイスの車内で一番の騒音は電子時計の音だというコピーを思いついた」

商品や会社であれば徹底的にリサーチします。説明書などをただ読むだけではなく、実際使ったり食べたりします。商品が売られている店舗があれば必ず訪れるようにし、可能であれば製造されている工場なども見学させてもらいましょう。

現場に行くことで、会議室では得られない情報を知ることがよくあります。対象がイベントの案内文や企画などでも同様です。とにかく徹底的にリサーチしましょう。

実際、そのようなリサーチの中で「これこそ語るべきことだ」という原石に出くわすことは非常に多いです。

「何を言うか」という原石を見つけ出すことさえできれば、あとはそれを磨くだけです。

その後（もしくは並行して）、次のプロセスでコピーを書いていきます。

Whyからはじめる

まず、**そのキャッチコピーをつくる「目的」を明確にしましょう。**

目的が明確でないと、どういう成果をめざすのか、またそれが達成したかどうかもわかりません。

キャッチコピーをつくる目的は、大きく次の5つに集約されます。

1 知ってもらう
2 興味を持ってもらう
3 好きになってもらう
4 価値を高める
5 買ってもらう（参加してもらう。行動してもらう）

順番に見ていきましょう。

1 知ってもらう

提供する商品やサービス、社名を認知してもらうことが目的です。

キャッチコピーに社名や商品名が入っていることが多く、リズムよく連呼することで、記憶に残すことを狙います。この方法は目的とダイレクトに結びつきやすく効果的です。

昭和、平成時代の広告コピーにはこのスタイルのものが数多くあり、今でも記憶に残り続けているものもあります。

2 興味を持ってもらう

広告ならば、「どんな商品だろう?」と興味を持たせる。記事等であれば、本文を読みたくさせるのが目的です。

そのキャッチコピーを見て、もっと知りたいと思わせることを狙うため、読み手の「好奇心」を刺激することが重要です。

平成時代に流行語になったCMのコピー「24時間タタカエマスカ」(リゲイン)、「すったもんだがありました」(タカラ缶チューハイ)

＊社名や商品名が入って記憶に残る広告コピーの例

- ゴホン!と言えば龍角散(龍角散)
- スカッとさわやかコカ・コーラ(コカ・コーラ)
- クシャミ3回、ルル3錠(ルル)
- ハエハエ、カカカ、キンチョール(キンチョール)

などは、目的からアプローチして結果的に商品もヒットした例だと言えるでしょう。

また、何かしらの新しい発見をキャッチコピーにした広告もよく見かけます。「四十才は二度目のハタチ」（伊勢丹）、「亭主元気で留守がいい」（金鳥ゴン）などをはじめ新しい発見を伝えることで名コピーと呼ばれるものは、たしかに存在します。

しかしながら、キャッチコピーは一行詩ではありません。新しい発見を伝えるだけでは効果が上がらないケースが多いでしょう。

WEBの記事等でわざと誤解されるようなタイトルを付けて興味を持たせることでクリックさせるという手法も散見されます。短期的には効果があっても、長い目で見ると信用を落とすのでやめておいたほうがいいでしょう。

3 好きになってもらう

自社や提供する商品・サービスを好きになってもらうのが目的です。そのため、共感を得るようなメッセージになるケースが多いのが特徴です。

今から20年前以上前、日産自動車のセレナの広告コピーは「モノより思い出」というものでした。

このキャッチコピーは車の性能やスペックは何ひとつ語っていません。モノがあふれ特定の車への憧れがなくなった時代に、車を購入したあとに家族でどのように使われるかに焦点をあてることで、セレナに対する好感度は格段に上がりました。

4 価値を高める

自社や提供する商品、サービスの価値を高めることが目的です。

1990年代はじめにゼネコンの大成建設が生み出したキャッチコピーは「地図に残る仕事」でした。「橋・ビル・トンネルをつくる仕事」を言葉の力で変換することによって建設会社の価値を高めました。

当初、新聞だけの地味なキャンペーンでしたが、この1行により、それまで「3K」と呼ばれ学生からの人気がなかった業界の価値を高め、志望する学生が大幅に増えたと言います。

このコピーもそうですが、「川上コピー」においては、「価値を高める」という目的でつくられることが多いです。

5 買ってもらう（参加してもらう。行動してもらう）

提供する商品・サービスを買ってもらうのが目的です。

イベントに参加してもらう、クラウドファンディングに参加してもらうなど、何かしらの行動を起こしてもらうことも含みます。

通販やWEB広告、セールスレターなどのキャッチコピーのほとんどは、この目的のために書かれています。

もっとも、1〜4の目的で書かれたコピーであっても、多くの場合、5の買ってもらう（参加してもらう。行動してもらう）ことが最終的な目的であることが多いでしょう。

しかしながら、マスメディアに掲載されるような広告コピーでは、あからさまに「買ってください」と伝えることをせず、表面上は1

〜4の目的でキャッチコピーが書かれることが多いです。

ハードセルか？　ソフトセルか？

そもそもコピーライティングの世界には、大きく分けると2つの流派があります。「ハードセル派」と「ソフトセル派」です。

「ハードセル」とは、商品やサービスの販売を最終ゴールとし、コピーを書く流派のこと。

「セールスコピー」とも呼ばれ、通販、テレビショッピング、WEB広告などダイレクトレスポンス系の広告で使われることが

＊ハードセルのコピー

「セールスコピー」とも言い、主に通信販売、WEB広告、ランディングページなどに用いられる。

多いのが特徴です。

商品やサービスのベネフィット（商品やサービスのメリットによって得られる恩恵）を直接的に訴え、リアクションをした消費者が具体的な行動をとるように誘導します。

「ハードセル」は長文になることも多く、作成のフォーマットが決まっているケースもあります。

基本的には強くアピールし、その場で消費者に売る、クリックをして申し込みページにアクセスさせること（クロージング）を目的としてコピーを作成します。最後に、クロージングのために「今日だけお試し価格で50％オフ」「今なら○○もついてきます」などのオファーが入ることが一般的です。

一方の**「ソフトセル」**は、商品やサービスのベネフィット（得すること）を間接的、イメージ的に訴えます。

最終的なゴールはハードセルと同様に「買ってもらう」「利用してもらう」ことがほとんどですが、アプローチの仕方はハードセルよりも間接的です。

ここまで例にあげたような広告コピーは、基本的には「ソフトセル」です。

まずは認知してもらう、興味を持ってもらう、覚えてもらうことをめざし、消費者に与えるイメージを重視してコピーをつくっていきます。

コピーを見た人がすぐに行動することを求めるのではなく、その人の記憶に残ることを目的とするため、売り込んでいるという印象

＊ソフトセルのコピー
いわゆる広告コピー、テレビCMなどのマス広告などで用いられる。

にはなりません。

商品名やサービス名、社名などがよいイメージで記憶に残るようにし、実際にその商品やサービスを利用したいと考えたときに、思い出してもらえるように作成します。

テレビ・ラジオＣＭや新聞などのマス広告やポスターなどで使われることが多いのが特徴です。

	ソフトセル（広告コピー）	ハードセル（セールスコピー）
特徴	・ベネフィットを間接的、イメージ的に訴求 ・デザインなどクリエイティブを重視	・ベネフィットをダイレクトに訴求する ・クロージングのための構成がある
メリット	・見た人の記憶に残りやすい ・売り込まれているという印象を持たれにくい。 ・ヒットすれば短期間で爆発的な認知度を得られる ・発展性がある（メディアやSNSなどに波及する可能性）	・目的が明確でわかりやすい ・売上という成果につながりやすい ・費用対効果が明確で検証がしやすい ・導線がわかりやすい ・お客様の反応が早い
デメリット	・売上等成果につながるとは限らない ・費用対効果などの検証がしづらい ・再現性がない ・導線がわかりにくい ・莫大なコストがかかる	・頻発すると相手からの信頼を損ないやすい ・飽きられやすい ・発展性に欠ける（メディアやSNSなどに波及しにくい） ・顧客離れの要因となる可能性がある
該当媒体	・テレビ・ラジオCM、新聞雑誌などのマス広告、ポスターや交通広告など	・通信販売、WEB広告、テレビショッピング、セールスレター、ランディングページなど

アメリカでは、100年近く前から「ハードセル」と「ソフトセル」の流派がせめぎ合い、時には論争を繰り広げてきました。しかし、日本では水と油のようにこの2つの流派が交わることはほとんどありません。

「ハードセル」のダイレクトレスポンスコピー派は、「ソフトセルのコピーはマネをしてはいけない。お金をドブに捨てるようなものだ」と主張します。

費用対効果を最大限に高めて売上をあげようとする「ハードセル派」にとって、「ソフトセル」はイメージを語っているだけで、明確な効果がわからない。にもかかわらず莫大な費用がかかる「ソフトセル」のマス広告は、お金の無駄づかいに見えるからです。

一方、「ソフトセル」の広告コピー派は、「ハードセル」のコピーを黙殺します。

大企業の潤沢な予算をもとに、クリエイティブ力を駆使して生活者にブランド価値を植え付けていると自負する「ソフトセル派」にとっては、「ハードセル」は下品でガツガツしていて、ブランド価値を下げ、目先の売上を追いかけているように感じるからです。

ちなみに1990年代後半くらいまでは、日本でキャッチコピーと言うと、「ソフトセル」の広告コピーを指していました。

では、私たちはどちらの流儀のコピーライティングの作法を学ぶべきでしょうか？

「真のキャッチコピー力」を身につけるためには、どちらの流儀も知っておくことが重要だと考えます。「ハードセル」の理論はきちんと知ったうえで、「ソフトセル」の流儀でもコピーを書けるのが理想です。

イソップ童話に『北風と太陽』という話があります。たとえるなら、ハードセルが「北風」で、「太陽」がソフトセルのようなものです。

よく知られたストーリーは、「どちらが旅人の上着を脱がすか」という勝負をして、太陽が勝つというものです。

しかし、じつはこの話、もう1つのストーリーがあります。それは「旅人の帽子を脱がす」という勝負をするというもの。

その勝負では、太陽が照らせば照らすほど、旅人は日差しを避けるためよりしっかり帽子を被ります。一方、北風はあっという間に、旅人の帽子を吹き飛ばしました。

北風（ハードセル）か？
太陽（ソフトセル）か？

「上着を脱がせる」ときには太陽のやり方が、「帽子を脱がせる」ときには北風のやり方が適切だったということです。

2つ合わせたストーリーの教訓は、適切な手段は時と場合によって異なるというもの。正しい方法は1つではなく、「その場に応じて、柔軟な対応をする必要がある」ということになるでしょう。

コピーライティングにおいても、それは同様です。目的によって「ソフトセル」が有効なことも、「ハードセル」が有効なこともあるのです。

「ハードセル」と「ソフトセル」、最終的なアウトプットや表現方法はかなり違うように感じます。しかし、本来、作成するプロセスは途中までは共通する部分が多いです。

そこで本書では、どちらの流派にも共通する「キャッチコピーのつくり方」の基本部分をお伝えすることにします。

それぞれの流派の具体的なテクニックに関しては、巻末に推薦図書を載せておきますので、そちらを参考にしてください。

STEP

2

誰に？　いつ？　どこで？　Who, When, Where

誰に、いつ、どこで伝えるかを決める

つまずかないようにシンプルに考える

大企業が広告代理店などを使って広告キャンペーンを実施する際は、「誰に」「いつ」「どこで」のステップに多大な時間と労力がかけられます。

しかしながら、あなたがキャッチコピーをつくる際に、ここでつまずくのはもったいない。

できるだけシンプルに考えて、次のＳＴＥＰ３にとりかかることをおすすめします。

・誰に伝えるか？

目的の次は、「誰に伝えるか」を考えます。これは一般的に「ターゲットを設定する」と呼ばれているプロセスです。

よく言われるように年齢、性別、居住地、職業などの属性で「誰に伝えるか」を考えることは、おすすめしません。

ましてや、年収、趣味、家族構成といった具体的なプロフィールをリストアップして、架空の顧客像（ペルソナ）を設定するのは、時間がかかるわりに益が少ないと感じます。なぜなら価値観が多様化している現代において、似たペルソナであったとしてもそのコピーが同じように響くとは限らないからです。

また、想定していたターゲットとはまったく違う客層に響くこともあります。

私がおすすめするのは**「あなたが売りたい商品やサービスが、ど**

のような問題を解決し、どのような人を幸せにするか」をイメージすることからはじめることです。

まず、あなたが売りたい商品やサービスで問題を解決し幸せにできる人を思い浮かべます。

次に、その人の気持ちになりきります。そして、**「その人が何を言われたら気持ちが動くか」**を考えながら書くのです。こうすることで読み手は個人的なメッセージに感じやすくなります。

受け手にとって自分だけに向けられたメッセージであるかのように感じられるほど、その効果は大きくなります。

目の前の1人に直接語りかけるようなキャッチコピーをつくることで、結果的に背後にいる同じ悩みを抱える多くの人々の心もつかむことができるのです。

あなたの売りたい商品は
誰を幸せにできるか？

・いつ、どこで伝えるか？

あなたが書くコピーが「いつ」「どこで」読者に伝わるかも重要です。ただし、それはあなたがコントロールできないことも多いかもしれません。

コントロールできる場合は次のことに注意を払います。

伝えたいコピーに対して、人々の心が最も開かれている瞬間を見極めましょう。

たとえば、朝のはじまりに新しいことへの期待を感じるときや、夜に1日を振り返る静かなときなど、人々がメッセージに耳を傾ける準備ができているのが「いつか」を考えます。

また、季節の変わり目や年末年始など、人々が新たな決意をするタイミングも、メッセージを伝える絶好の機会となり得ます。

・どのようなメディアに掲載すれば効果が上がりそうか?

メッセージを受け取る場所もまた、伝えたいコピーの影響力を大きく左右します。

オンラインの世界では、ソーシャルメディア、メール、ブログなど、ターゲットが頻繁に訪れるプラットフォームを選ぶことが重要です。

その場所が、メッセージの受け取り方にどう影響するかを想像しながら、最適な「どこで」を選んでください。

コピーを伝える「いつ」と「どこで」を考える際には、あなたのメッセージがターゲットの日常生活に自然に溶け込み、彼らの心に深く響く瞬間を想像してみてください。

この2つの要素がうまく組み合わさることで、キャッチコピーはただの情報の伝達手段を超え、人々の感情に訴えかけ、行動を促す強力なツールへと変貌します。

あなたのコピーが、人々の記憶に残り、心に響くメッセージとなるために、これらの要素を考えましょう。

また、これらのプロセスの中で、同じジャンルの商品や同業者が使っているキャッチコピーはすべて確認しておきましょう。

いくらいいキャッチコピーを考えたとしても、似たフレーズが先に使われていたら、それは「強い言葉」ではなくなり、「空気コピー」になる可能性が高くなります。

STEP

3

何を言うか？　What to say

キャッチコピーを考える際に一番重要なこと

さて、ここからは実際にキャッチコピーを考えていくプロセスに進みます。

具体的に言うと、

What to say（何を言うか）
How to say（どう言うか）

の2つのプロセスです。

つまり、こういうことです。

効果のあるキャッチコピー＝何を言うか×どう言うか

一般的にキャッチコピーの書き方というと、ＨＯＷ（テクニック）の部分が重視されがちです。

しかし、ＨＯＷ以上に重要なのはＷＨＡＴ（中身）なのです。

キャッチコピーを考える際に、一番重要な根底になる考え方があります。

それは、

読み手に「自分に関係がある」と思ってもらう

ことです。

「自分に関係がある」と思わなければ、読み手はその情報を簡単にスルーしてしまいます。読み手が「自分に関係がある」と思ってはじめて、その気持ちを動かすことができるのです。

しかし、情報があふれている現代社会において、読み手に「自分に関係がある」と思ってもらうことは容易ではありません。

そのためにも、何を言えば「自分に関係がある」と思ってもらえるかを考えてからキャッチコピーをつくる必要があります。

あなたがプロのコピーライターでないのであれば、「What to say」

一番重要なのは読み手に
「自分に関係がある」と思ってもらうこと

をきちんと考えていない状態でキャッチコピーを書いても、効果のあるフレーズが生まれることはまずありません。

「What to say」につながる3つの切り口

では、何を伝えれば読み手に「自分に関係がある」と思ってもらうこと」ができるでしょう?

まず52ページに書いたように、対象を徹底的にリサーチしたうえで、次の3つの切り口から考えます。

1 ファクト(Fact:事実)

2 メリット（Merit：利点、長所）
3 ベネフィット（Benefit：便益、利益、恩恵）

それぞれの項目を詳しく掘り下げていきましょう。

1 ファクト（事実↓発見のある事実）

商品やサービスを伝える切り口です。とは言え、当り前の事実では誰の心も動きません。

キャッチコピーをつくる核心は、読者に「自分に関係がある」と思うメッセージを届けることでした。

多くの場合、ファクトを伝えるだけではそう思ってもらえません。

たとえば、日本茶のキャッチコピーで「国産茶葉使用」という事実だけを書いても「欲しい」と思う人はまずいないでしょう。読み手は何の発見や驚きも感じないからです。

ファクトを伝える場合は、読み手に発見や驚きを提供できるものであることが必要です。

たとえば、次のような画期的な商品やサービスが最初に出たときは、ファクトを伝えるだけで十分にインパクトがあります。

・iPhone　タッチパネル式のスマートフォン
・ダイソン　羽のない扇風機
・ルンバ　全自動お掃除ロボット

しかし、今日のように新しい商品やサービスが次々と生まれる時代には、多くの場合、ファクトを伝えるだけでは発見や驚きを提供することは難しいでしょう。

2 メリット（利点、長所↓セールスポイント）

商品やサービスのファクトから、誰もが得られる利点について伝える切り口です。

メリットは、商品やサービスの売り（セールスポイント）とも言えます。発信側が読み手に対して「この商品は便利でしょう」と投げかけるものです。

その結果、読み手が「便利」「いいね」「欲しい」と感じてくれれば有効です。とくに競合商品よりも優れている場合に訴えると効果があります。

「全自動お掃除ロボット」は、最初に発売されたときは「毎日プログラムされた時間に自動的に掃除を行う」というファクトだけでも、多くの人の興味を引きました。

しかし、現在では同様の商品が市場に多数存在するため、そのようなファクトだけではその商品を選ぶ理由にはなりません。

読み手が、その商品やサービスを選ぶ利点を具体的に説明することが重要です。

たとえば「段差に強い」「掃除の音が他社製品に比べて静かだ」などといった要素がメリットになります。これらの利点を伝えることで、読み手がその商品やサービスを必要とする理由を理解しやすくなります。

メリットを訴求するキャッチコピーは大変よく見かけます。しかし、必ずしも読み手にとって、それが「自分に関係がある」と感じるとは限りません。そのメリットが自分にとって何かいいことがあるというイメージが湧かないからです。

③ ベネフィット（便益、利益→読み手のハッピー）

ファクトやメリットを訴求しただけでは、なかなか「自分に関係がある」と思ってもらえない。そこで重要になってくるのが「ベネフィット」を訴求するという切り口です。

ベネフィットは人により異なりますが、多くの人に共通するものであれば反響が期待できます。

メリットが商品やサービスの機能を伝えることに焦点をあてるの

に対して、ベネフィットはそれがどのように読み手の人生に「利益」をもたらすかに焦点をあてます。

「利益」というと金銭的なものを想像しがちですが、ここで言う「利益」は幸福感や満足度など、お金では測れない価値も含まれます。

私は、ベネフィットを**「読み手のハッピー」**と定義しています。当たり前ですが、自分がハッピーになれる情報が載っているのであれば人は真剣に読みますよね？　つまり、読み手が「自分に関係がある」と思うということです。

なお、ベネフィットは大きく次の2種類に分類されます。

・機能的ベネフィット

その商品やサービスを買うことで得られる具体的なハッピー

例 家事の負担軽減／時間に余裕ができる／使い心地がよいなど

・**感情的ベネフィット**

その商品やサービスを買うことで得られるかたちのないハッピー

例 ラグジュアリー商品を持つ優越感／苦手な家事をしなくてよいという安心感など

次のページに簡単な例をもとにファクト、メリット、ベネフィットの違いを説明しておくので参考にしてください。

	(例)オーガニックコットン100%のTシャツのファクト、メリット、ベネフィットを考える
ファクト	・オーガニックコットン100%
メリット	・肌触りがやさしい ・環境にやさしい
ベネフィット	・敏感肌のため、肌荒れしにくくなり助かる ・パジャマとしても着用でき、長時間着ていられる ・人から指摘された際に、うんちくを語れる ・環境にやさしいので、よいことをした気分になれる ・よいものがわかる自分は、素敵だと思える

ベネフィットを訴求するという方法は、企画やプレゼンテーションにも応用できます。

たとえば、上司に対して企画を提案する際に、「この企画の素晴らしさ＝メリット」を説くよりも、「この企画を採用することで上司や会社にどのようなハッピーがあるか＝ベネフィット」を強調するほうが、その提案が採用される可能性はぐんと高まります。

上司にとって、そのほうが「自分に関係がある」と思ってもらいやすいからです。

ただし、ベネフィットの訴求が難しいのは、読み手1人ひとりによってハッピーと感じるポイントが異なる可能性があることです。

たとえば、全自動お掃除ロボットの場合、「掃除を自動でやってくれるから子どもと遊ぶ時間が増える」と訴求することは、子どもがいる家庭には響く可能性が高い一方で、子どもがいない家庭にはまったく響かないでしょう。

インサイトからベネフィットへ導く方法

ベネフィットを見つけるためには、読み手の**「インサイト」**を想像する必要があります。「インサイト」とは、その人の隠れた本音です。

しかし、これを探るのはプロのマーケターでもなかなか難しい。

なぜならアンケートやグループインタビューなどでは、隠れた本音が引き出せないことがほとんどだからです。

たとえば、ハイブランドのバッグが欲しい理由を聞くと、表面的には「デザインが好き」「機能が気に入っている」といった答えが返ってくるでしょう。しかし、実際は「人から見られたときの印象をよくしたい」「よい物を身につけていると思われたい」のが本音のことが多いかもしれません。

これらは、本人も意識していないことが多いため、すぐにこの本音にたどり着くことはまずありません。だからこそ、キャッチコピーを使って消費者にその本音をくすぐることができると、効果があるわけです。

「優秀な営業マンは、一瞬でお客様のインサイトを読み取る」

これは、10年以上前、私が各ジャンルでのトップセールスマンへの取材を通じて学んだことです。

優秀な営業マンは、お客様とちょっとした世間話をしながら相手のインサイトを読み取り、それに絡めてベネフィット（買ったあとのハッピー）を伝えます。

お客様との会話のときに、彼らは商品の性能や機能の話（いわゆるメリット）はほとんどしません。

お客様のインサイトにしっかりと寄り添い、その人の求めるベネフィット（ハッピー）を直感的に見つけて言語化し、うまく伝えることができる人が「売っている人」であり「優秀な営業マン」なのです。

逆を言えば、そうではない営業マンは、商品の機能や性能ばかりを説明しているということでもあります。

つまり、**優秀な営業マンはお客様のベネフィットを語り、売れない営業マンはファクトやメリットを語る。**これが私が見つけた売れる営業マンを見分けるための法則です。

営業マンであれば、話しながらお客様のインサイトを見つけることができますが、キャッチコピーの場合は事前にそれを想像で見つける必要があります。

優秀な営業マンは
お客様のインサイトを読み取る

「自分に関係がある」と思ってもらうための5つの型

ここまで説明してきた3つの切り口、ファクト、メリット、ベネフィットを踏まえたうえで、キャッチコピーを書く際、読み手に「自分に関係がある」と感じさせるにはどうすればいいのでしょうか？

まず、ベネフィットを軸に考えていくことが重要です。

アメリカの通販業界で伝説的コピーライターとされるジョン・ケープルズは著書『ザ・コピーライティング』の中で、効果的なキャッチコピーの内容として次の3つをあげています。

＊『ザ・コピーライティング』（ダイヤモンド社）
ジョン・ケープルズ 著、神田昌典 監訳、齋藤慎子・依田卓巳 訳

・「得になること（ベネフィット）」
・「新情報」
・「好奇心」

中でも効果があるのは「得になること（ベネフィット）」で、「好奇心」を訴える内容は失敗も多いと述べています。

本書では、ベネフィットを軸にしながら次の5つのアプローチを推奨します。

1 ベネフィット型

ここまで述べてきたベネフィットを入れるという型です。

＊ベネフィット型広告コピー

・お口でとろけて、手でとけない（M&Msチョコレート）
・羽がない、つまり安心。（ダイソン扇風機）
・味は料理店並み。手間はインスタント並み。（茅乃舎）
・一目で義理とわかるチョコ（ブラックサンダー）

商品やサービスを利用することで読み手がどのようなハッピーを得られるかを強調します。
まずは、キャッチコピーにベネフィット（読み手のハッピー）を入れるベネフィット型を極めることを第一に考えてください。

２ 負のベネフィット型

ベネフィットが読み手のハッピーなのに比べて、読み手がその商品やサービスを使わない場合に生じる「損失」や「不便」「不幸」のことを**「負のベネフィット」**と名付けました。これは私の造語です。

人は自分が損をする情報に敏感です。じつは得をすることよりも損をする情報に強く反応し、なんとか回避しようと考えるという特

＊負のベネフィット型雑誌の見出し

・70歳から損しないためにいま「やっていくこと」（『週刊現代』）
・［買うと損する］金融商品　（『週刊 SPA！』）
・間違いだらけの［老後不安］（『週刊 SPA！』）

徴があります。

また、集団生活を基本にする人間は、まわりから嫌われることに敏感です。その商品やサービスを使わないとまわりから嫌われますよ、というアプローチも「負のベネフィット型」になります。

ただし、「負のベネフィット」を訴求する型は上品な方法とは言えません。

3 ニュース型

人は新しい情報に興味を持ちやすく、とくに誰もがはじめて知る情報であり、意外な事実だと感じられたものに関しては、強く人を惹きつけます。

あなたの商品やサービスにそれまでにはなかった「新しいファク

ト」がある場合、競合よりも明らかに「優れたメリット」がある場合、「ニュース型」として発信することで大きな効果につながります。

また、情報がそこまで画期的でないとしても、「ニュース型」として発信することで、ある程度の効果を得ることができるケースもあります。

「ニュース型」の場合、次のような表現を入れると情報が強調され、読み手の印象に残りやすくなります。

・「初」「新」などの要素を入れる

「世界初」「日本初」「〇〇県初」「業界初」「新発見」など、ファーストワンはそれだけでニュースになりやすい。

・具体的な年月日、曜日などを入れる

具体的な年月日、曜日、時刻などの要素が入っているとニュースになりやすい。

・「ついに」「とうとう」「いよいよ」「待ちに待った」などの言葉を入れる

このような言葉が入ることで多くの人が待ち望んでいたイメージになるため、ニュース性を感じやすくなる。

・「あの」「話題の」「期待の」などの言葉を入れる

このような言葉があると、多くの人が注目しているというイメージが生まれ、ニュース性を感じやすくなる。

・「発表」「公開」「宣言」「告白」「速報」などの言葉を入れる

このような言葉があると、何か新しいことが発表されるというイメージがあるので、ニュース性を感じやすくなる。

・「特別に」「今なら」「これで最後」などの言葉を入れる

このような言葉が入っていると、「今だけ」「ここだけ」というニュース性が高くなります。通販番組などでは、この手法がよく使われています。

ただ、今の世の中では、とくにネットには、このようなニュース性を取り入れたキャッチコピーが氾濫していて、多くの人はやや不感症になっている傾向があるのも事実です。

あまり中身とかけ離れてニュース性を訴求するのは、長い目で考えると得策ではない場合もあるので注意が必要です。

④ インサイトの代弁型

読み手の内心にある感情や考えをそのまま言葉にして伝える型。

「自分に関係がある」と思ってもらうためには、何よりそれを感じる読み手の立場になって物事を考えることが重要です

この「相手が心の中で思っている本音（インサイト）」をそのままフレーズにすると「自分に関係がある」と思ってもらいやすくなります。その後に発信側の提案を書いても、受け入れてもらいやすくなるのです。

脚注の雑誌の見出しは、読者のインサイトを代弁している例です。

＊インサイトの代弁型　雑誌の見出し

・「今日オシャレしてる」実感、もっと欲しい！（『VERY』）
・40代「私たちは、まだまだこんなものじゃない」宣言!!（『STORY』）
・子どもの数学の成績よりも、着たいワンピのこと考えたい！（『STORY』）

女性誌の特集の見出しには、この「インサイトの代弁型」が数多く見受けられます。雑誌が売れない時代、「自分に関係がある情報が載っているかも」と思っているため、この「インサイトの代弁型」のキャッチコピーを使用していると考えられます。

5 絞った呼びかけ型

キャッチコピーを書く際、できるだけ多くの人に呼びかけようとする1行を書いてしまいがちです。

しかし、それでは誰の心にも刺さりません。「自分に関係がある」と思ってもらえないからです。呼びかける相手を絞れば絞るほど「自分に関係がある」と思ってもらいやすくなります。

ターゲットの絞り方は、大きく分けると「属性」と「内面的要素（インサイト）」の2つがあります。

・属性

属性とは、「性別」「年齢」「職業」「居住地」「所属先」「身体的特徴」などのことです。

「40代以上のみなさん」「新宿にお勤めのあなた」のように属性で絞ると、それに該当する人たちにとって「自分に関係がある」と思ってもらいやすくなります。

・内面的要素（インサイト）

「悩み」「価値観」「願望」「思想」等の内面的な要素で絞るのも「自

＊属性で絞った呼びかけ型　雑誌の見出し

・働くママの春のオシャレバイブル（『VERY』）
・40代オシャレは、「身長１cm刻み」で答えあり！（『STORY』）
・50代におすすめ！お金のかからない「おとなの趣味18選」（Reライフネット）

分に関係がある」と思ってもらいやすいです。

「○○で悩んでいるあなた」と呼びかけて、それを解決できる商品やサービスのベネフィットを紹介します。

このように読み手を絞ったあとに、ベネフィットを伝えることで、それだけで普通に紹介するよりも「自分に関係がある」と思ってもらえる可能性はぐーんと高くなります。「属性」でも「インサイト」でも絞って呼びかけたあとに、行動を促すフレーズを入れるとさらに効果的です。

実際にキャッチコピーを書くプロセスでは、考えた「What to say」をどう伝えればいいかの次に「How to say」を考えていくことに

＊インサイトで絞った呼びかけ型　本のタイトル

・『気がつくと机がぐちゃぐちゃになっているあなたへ』
・『今、子どもの不登校で悩んでいるあなたへ』
・『語彙力がないまま社会人になってしまった人へ』

なります。

3ニュース型、4インサイトの代弁型、5絞った呼びかけ型はうまく表現できれば、そのままでキャッチコピーとして成立する場合もあります。

STEP3では「何を言うか」という「What to say」について紹介してきました。

STEP4では、それを「どういうふうに伝えていくか」という「How to say」を考えていきましょう

STEP

4

どう伝えるか?　How to say

「What to say」を実際のコピーにするときの注意点

STEP3でお伝えした「What to say（何を伝えるか）」を実際のコピーにする「How to say（どう伝えるか）」のプロセスにおいて、気をつけなければならないことがあります。

表現の面白さにとらわれて、「What to say」で考えたことが抜け落ちて、肝心の内容が変わってしまう、ということです。

これはプロの広告制作の現場でも頻繁に起こります。

広告主がこの「What to say」を伝えて欲しいとオリエンテーションをしているのに、広告代理店や制作会社の制作者がまったく違う内容のアイデアを提案してくるというケースです。

広告代理店のクリエイターは、そのクリエイティブ・ジャンプこそが重要だと主張することが多いかもしれません。まれにそうして目から鱗《うろこ》の新しい表現を生み出し、新しい「What to say」が生まれることもあります。

しかし、大半はひとりよがりのキャッチコピーになりがちです。いくらいい感じのキャッチコピーになったとしても、伝えるべきメッセージが入っていなければ目的が達せられることはまずありません。

それを防ぐには、一度書いたコピーの中にきちんと「What to say」で考えた内容が含まれているかどうかを確認することが重要です。

＊クリエイティブ・ジャンプ
積み重ねてきたロジックをクリエイティブの力で飛躍させ新次元のアイデアを生み出すこと。

アメリカの伝説的コピーライターであるハル・ステビンズは、その著書『コピー・カプセル』の中で次のことを述べています。

「適切なものであれば、それはそのままにしておけ。わざわざ苦労してまでみがきあげる必要はない」

つまり、いいWHATが発見でき、そのままのほうが伝わると思えば無理に「どう伝えるか」を考える必要がないということです。

数多い型から何を覚えればいいのか

＊『コピー・カプセル』（誠文堂新光社）
ハル・ステビンズ 著、小正幸造・坂本登 訳

そうは言っても、伝わりやすい「How to say」の「型」を覚えておくことは、効果のあるキャッチコピーをつくるうえで有効です。

「How to say」の表現のバリエーションは、たくさんあります。拙著『キャッチコピー力の基本』では、言葉を強くする表現から、より面白いイメージにしてくれる表現まで77の型を紹介しています。いろいろなテクニックを知っているのに越したことはありません。しかし、すべての型を覚えて使いこなすのは難しいです（著者である私もすべて覚えてはいません）。

ここでは、キャッチコピーをつくる際に知っておくべき「How to say」の最小限の型をお伝えしていきます。

まずは「言い切る（断言型）」と「問いかける（疑問型）」です。
極端に言うと、キャッチコピーの型は大きく分けて、この2つの型に集約できます。

言い切る（断言型）

言葉が受け手の心に深く響くためには、〝言い切る〟ことが大事です。言い切ることによって、フレーズが強く印象的になります。

もちろん、言い切ることは、発信側がある種のリスクを負うことを意味しますが、そのリスクを承知で言い切るからこそ、受け手にメッセージが直接、迅速に届きます。

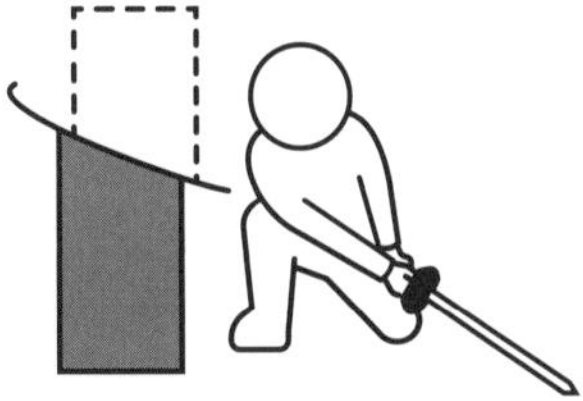

リスクを承知で言い切ると
メッセージの切れ味がよくなる

ここで、言い切るための6つの方法を紹介します。

1 圧縮して言い切る

言いたいことを圧縮して短く言い切る方法です。この方法は、メッセージが受け手の脳に直接、早く届くため、強い印象を残しやすくなります。

次の広告コピーは、圧縮して言い切ったことで当時話題になりました。

・大きいことはいいことだ（森永エールチョコ）
・好きだから、あげる。（丸井）

・カゼは、社会の迷惑です。（ベンザエース）
・いつかはクラウン（トヨタ自動車）

[2] 予言して言い切る

未来に起こる出来事を予言して言い切る方法です。

未来は誰にもわからないからこそ、予言して言い切ることで、「それが起こるかもしれない」と思わせることができます。この種の予言は、人々の想像力を刺激し、メッセージに引き込みます。

次の雑誌の特集の見出しは、予言して言い切ることで強い表現になっています。

・会社員の9割は課長になれない！（『週刊ＳＰＡ！』）

・みんなバカになる！「スマホ中毒」の悲劇（『週刊SPA！』）
・40代、お肌の曲がり角は3度来る！（『美ST』）

3 前提を示して言い切る

あることに対する前提となることを示し、「これがきちんとできたら、こんな未来が待っています」という内容を言い切ります。

次の書籍のタイトルは、前提を示して言い切ることで強い表現になっています。

・『体温を上げると健康になる』
・『脳を最適化すれば能力は2倍になる』
・『「おしり」を鍛えると一生歩ける！』

4 脅して言い切る

人々の不安や恐れを刺激して言い切る方法です。健康、コンプレックス、お金、災害、老後、経済など、多くの人が不安に思っている事柄に対して強い印象を残します。

ただし、脅すことは品のある方法とは言えませんので、必要のない場面での使用は避けるべきです。

次の雑誌の特集の見出しは、脅して言い切ることで強い表現になっています。

・「物流ドライバーが消える日」（『週刊東洋経済』）
・人手不足が日本を潰す（『日経ビジネス』）

・50代が会社を滅ぼす（『週刊ＳＰＡ！』）

5 命令して言い切る

命令されると人は反発しますが、一方で命令されることで喜びを感じる心理もあります。

競争が激しい場面や、スルーされやすい商品などにおいて、あえて命令形を用いることで人々の心を刺激することができます。

次の書籍のタイトルは、命令して言い切ることで強い表現になっています。

・『小さいことにくよくよするな！』

・『それでもなお、人を愛しなさい』

・『1分で話せ』
・『パン屋ではおにぎりを売れ』

6 常識と逆のことを言い切る

人は、自分が常識と思っていることと違うことを言われると「なぜ?」という疑問がわきます。その答えを知りたいために中身を読みたくなります。

次の広告コピーは、命令して言い切ることで強い表現になっています。

・諸君。学校出たら、勉強しよう。(日本経済新聞)
・ヒンシュクはカネを出してでも買え!(幻冬舎文庫)

以上、いろいろな言い切る型を見てきました。これらの「言い切る」方法によって、受け手の記憶に残る、影響力のあるメッセージとなる可能性が高まります。

問いかける（疑問型）

人間には、何か問いかけられると、「自然と答えを探してしまう」という習性があります。

その習性を利用して相手に問いかけたり語りかけたりすることで、「自分に関係がある」と思ってもらいやすくなります。

1 疑問を投げかける

本質的な問いかけや日常生活の中で当たり前と受けとめている事象や行動に対して、「なぜ?」という疑問を投げかけます。この種の問いかけは、受け手にふだん意識していない慣習や習慣について考えさせ、内容に興味を持たせます。

問いかけられると
「自然と答えを探してしまう」

次の広告コピーは、本質的な疑問を投げかけることで当時話題になりました。

・なぜ年齢をきくの（伊勢丹）
・恋を何年、休んでますか。（伊勢丹）
・なんで、私が東大に。（四谷学院）

2 二者択一で迫る

受け手は、何かを二者択一で迫られると、そのどちらかを選ばなければならないような気持ちになってしまうものです。また受け手に選ばせたいほうの選択肢を魅力的に見せるようにすれば、自分が選んでほしいほうが選ばれる確率は上がります。

次の広告コピーも、二者択一で迫る方法です。

・読んでから見るか、見てから読むか（映画『人間の証明』）

・覚せい剤やめますか？　それとも人間やめますか？（麻薬撲滅キャンペーン）

3 親身に語りかける

この手法は、受け手の個人的な感情や状況に直接訴えかけ、共感や信頼感を生み出すことをめざします。

親身に語りかけられると「そうそう。自分の気持ちをわかってくれてありがとう」という気持ちになります。

たとえば、整骨院の店頭にある看板で「その腰痛、あきらめていませんか？」と書かれていたら、腰痛に悩んでいる人であればついつい興味を持ってしまうでしょう。

また、スーパーの冷凍食品の売り場に「毎日のお弁当のおかず、大変じゃないですか？」などと書かれていると、「そうなのよ」と思わず思ってしまう人も多いはずです。

4 情報を隠す

表現的には問いかけてはいないのですが、疑問を抱かせるという意味で「問いかけ型」のカテゴリーとして紹介します。

肝心の情報を隠されると、それに対して「なんでだろう？」と思

＊情報を隠す見出しの例（新聞のテレビ欄）

・「あの大女優が告白」
・「アイドルA　禁断の遊びに初挑戦」
・「駅に謎の○○○集団が」など

い、疑問を解決したくなります。

この手法はネットニュースの見出しや新聞のテレビ欄などによく見られます。

隠されている情報はたいしたものでないことが多いのですが、人は情報を隠されるとその情報を知りたくなってしまうのです。

以上、「問いかけ型」を見てきました。

前述したように、キャッチコピーは極論すれば「言い切る」と「問いかけ」の2つの型に分かれます。

では、どのようなときに「言い切り型」「問いかけ型」を使えばいいのでしょう？

ある心理学の実験によると、「その商品に強い興味や関心を持っ

＊ Hagtvedt, H. (2015). Promotional phrases as questions versus statements: An influence of phrase style on product evaluation. Journal of Consumer Psychology, 25(4), 635-641.

ている場合」は「言い切り型」が有効であり、「あまり興味や関心を持っていない場合」は「問いかけ型」が有効だということです。あくまで特定の状況下でのケースですが参考にしてみてください。

「言い切る（断言型）」と「問いかける（疑問型）」以外にも、キャッチコピーの型にはさまざまあります。中でも、次に紹介する型は覚えておいたほうがいいでしょう。

数字型

数字を出すと、情報の具体性や信憑《しんぴょう》性が増します。「数字が物語る」

という表現もあるように、数字には人を惹きつける力があるのです。
数字の入れ方は、大きく分けると次の3通りあります。

・信憑性を高めたいときには、できるだけ細かな数字を
・インパクトを与えたいときには、できるだけキリがよい数字を
・かかる時間（効果の割に短い時間）を訴求する

みんなの声型 & 権威の声型

その商品を買った人やサービスを受けた利用者に、使用や利用の感想を語ってもらう型です。

数字を効果的に使った広告コピーの例

・本格ドリップコーヒーが1杯19円（ブリックス）
・1億使っても、まだ2億（ドリームジャンボ宝くじ）
・玄関開けたら、2分でご飯（サトウ食品）

「コピーは常に推薦文をつけておくべきだ。読者は匿名のコピーライターの大絶賛よりも、自分と同じ消費者仲間の推薦のほうが受け入れやすい」

伝説のコピーライター、デイヴィッド・オグルヴィが、『ある広告人の告白』の中で書いている言葉です。

また権威のある人間の推薦、あるいは何かしらの受賞歴なども効果が高いです。

ほかにもキャッチコピーにはさまざまな型があります。しかし、それらのテクニックを数多く知るよりも、まずは紹介してきた

＊『ある広告人の告白』（海と月社）
デイヴィッド・オグルヴィ 著、山内あゆ子 訳

「キャッチコピーを考える4段階のプロセス」で愚直に考えていくほうが、結果としてはキャッチコピー力が身につくと考えます。

そのうえで、『キャッチコピー力の基本』などを参考に「How to say」の型を増やしていってください。

ただし、いいコピーを書けたからと言って安心するのは早いです。「調整する」「選択する」というプロセスも非常に重要です。

調整する

日本語には「漢字」「ひらがな」「カタカナ」と3つの表記文字があります。キャッチコピーにおいて、どの表記を使うかによってその印象は大きく変わってきます。

たとえば、「きれい」「あたたかい」という単語で考えてみます。

「綺麗」「きれい」「キレイ」

「暖かい」「温かい」「あたたかい」「アタタカイ」

それぞれイメージが変わります。

キャッチコピーにおいては、これらの違いを理解し、目的に応じて最適な表記を選択することが非常に重要です。

おすすめの方法は、一度書いたキャッチコピーを、すべての表記の組み合わせで書いてみるということです。

それによって一番適切な表記がわかることが多いです。

選択する

「How to say」のさまざまな型で書いたキャッチコピーのどれを選ぶかも重要です。せっかくいいコピーを書いてもそれを選ばなければ意味がありません。

まずは、STEP3で決めた「What to say」をきちんと伝えられているかを検証します。

声に出して読んでみましょう。声に出して読みにくいコピーは、目で読んでも伝わりにくいことが多いです。

もう一度、STEP1の目的を確認します。「本来の目的から外れていないか？」「そのキャッチコピーにより目的が達成できるか」という視点が一番重要なポイントです。

達成が難しそうならリテイクします。「断言型」か「問いかけ型」のどちらのアプローチがいいかもあらためて考え選択しましょう。

検証する

世の中に出した「キャッチコピー」は、できる限りその効果を検証しましょう。そして改善のチャンスがあれば改善し、なければ次の機会に生かしましょう。

本書で何度か引用したジョン・ケーブルズ『ザ・コピーライティング』の原題は「Tested Advertising Methods」、つまり「検証された広告手法」です。本の中には「コピーライティングの成功へのカギは、あらゆる要素を絶えずテスト（検証）することにある」と何度も述べられています。

それくらい「検証」することは重要なのです。

STEP 5 おさらい

最後に、架空の商品を使って、キャッチコピーを考えるプロセスをおさらいしましょう。多くの業種の方に応用が効くように架空のBtoB向けの商品にしました。

商品名「営業支援システム」

概要（ファクト&メリット）
・顧客データを蓄積し分析できる
・個々の営業マンの案件の進捗の可視化できる
・各営業マンのノウハウを全員に共有できる

STEP1　キャッチコピーの目的

「営業支援システム」を新規企業に売る

STEP2　誰に？　いつ？　どこで？

（誰に）営業マンが多い中小企業の経営者に

（いつ？　どこで？）展示会の商談会に置くチラシで

STEP3　何を言うか？　What to say

■中小企業の経営者のインサイト例

・会社全体の営業成績（＝業績）をもっと上げたい！

・なぜ同じ商品を売っているのに、営業マンによってこんなに売上が違うのだろう？

・営業マンの個別のノウハウがブラックボックスになっている

・トップ営業マンのノウハウが共有されたら、営業の成績も飛躍的に上昇するはずだ

■中小企業の経営者のベネフィット例

・営業の見える化ができると、ブラックボックスが明白になる
・トップ営業のノウハウが全営業マンに共有される
・営業成績が上がることが大いに期待できる

⬇

■語るべき「What to say」の例　ベネフィットを訴える

「このシステムを使えば
トップ営業マンのノウハウが
全営業マンに共有できる」

STEP4 **どう言うか？　How to say**

語るべき「What to say」を型にあてはめ、忠実に書く

1 断言型

トップ営業マンのノウハウが共有されれば
営業成績は飛躍的に上がる

2 問いかけ型

トップ営業マンのノウハウを
全営業マンに共有できていますか？

3 数字型

20年かかったトップ営業マンのノウハウがたった1日で全営業マンに共有されます

4 権威・みんなの声型

「トップセールスのノウハウが全営業マンに共有できたら」そんなわが社の悲願がようやく叶いました！

（株式会社MEC　代表取締役 鈴木太郎）

【選択する】

自社の知名度が低く、商品への信頼性を感じてもらえない可能性が高いことから、強く言い切るよりも「問いかけ型」をチラシのキャッチコピーとして採用。

トップ営業マンのノウハウを
全営業マンに共有できていますか？

「権威・みんなの声型」のコピーはお客様の声として、チラシの下部に掲載することに。

【調整する】

「営業マン」が繰り返されると少し暑苦しい
全営業マンに➡きちんと社内に
とすることに。

【決定する】

トップ営業マンのノウハウを
きちんと社内に共有できていますか？

【検証する】

どれくらい問い合わせがあったか？
どれくらい受注があったか？
結果が伴わない場合はインサイトから考え直す。

おわりに

本書を読んでいただき、ありがとうございます。

この本は「相手の心を動かすキャッチコピーを書きたいあなた」に向けて書きました。

ただ、もう1人、できれば読ませたい人間がいます。

それは、コピーライティングのいろはもわかっていないのに、名刺に「コピーライター」と刷って、フリーランスで仕事をはじめたばかりの30代の自分自身です。

「コピーライター」という肩書きを名乗ることにずっとコンプレックスを抱いてきました。

その理由の1つは、コピーライターになるための本格的な修行や教育を一度も受けたことがなかったからです。

日本のコピーライターが書いた本を読むと、たいていは師匠や上司につき、毎回何百案もコピーを書くけれどずっとボツにされ続け（きちんと読んでくれず突き返されることも）、「自分は才能がないのだろうか……」と悩み続けるエピソードがよく登場します。

多くの場合は、師匠や上司などから言われたひと言をきっかけに、ブレイクスルーして活躍していくのもお決まりのエピソードです。

私は新卒で広告会社に入社しましたが、コピーライターとして採用されたわけではなく、20代後半まで営業職でした。

その後、クリエイティブ局に異動しましたが、肩書きはテレビCMを企画プロデュースするCMプランナーだったので、新聞やポスターなどの印刷媒体でコピーを書くことはありませんでした。

さらに、入社して5年経っているからできるだろうという理由で、研修や教育的なこともいっさい受けず、いきなりCM制作の現場を経験する日々だったのです。

テレビCMの企画コンテの締めにそれっぽいキャッチコピーを書いてはいましたが、なんとなくかっこよさそうな1行を感覚で書いていたにすぎませんでした。

結局、会社勤めになじめず、そこから3年も経たないうちに退社し、フリーランスになりました。

そのとき、「CMプランナー」という肩書きよりも「コピーライター」のほうが潰しが利きそうだという理由で、名刺に「コピーライター」と刷りました。

コピーの神様（がいるなら）、本当にゴメンナサイという気持ちでいっぱいです。

その後、仕事相手に恵まれてコピーにまつわる賞をいくつかいただきました。書いたコピーを「うまい」と言っていただくことも増えました。

しかし、「どうすればいいコピーが書けるのか」「何をもっていいコピーとするのか」は、じつはよくわかっていなかったのです。

その答えを得ようと、当時、出版されていた国内外のコピーライターが書いた本はほとんど読み漁りました。

どの本も面白く参考にはなる。しかし正直に言うと、これさえ読めば「自分もいいキャッチコピーが書ける」と思えた1冊には巡り合えなかったのです。

今だから告白しますが、『キャッチコピー力の基本』は、「いいキャッチコピーの書き方がわからないから、とりあえず考えられるキャッチコピーの型をできる限り網羅し分類した1冊を書くことで、役に立つと感じてくれる人が（自分も含め）いるんじゃないか」という思いから書いた本でした。

その後、『キャッチコピー力の基本』と同じコンセプトのライティング講座を続けていく中で、本書に書いたような「川上コピーと川下コピー」「ハードセルとソフトセル」「What to sayとHow to say」などの考え方を整理していきました。

そのプロセスの中で、駆け出しの頃に悩んでいたもやもやが、少しずつ晴れていきました。ようやく「どうすれば、いいコピーが書けるのか」「何をもっていいコピーとするのか」の答えがおぼろげながら見えてきた気がしたのです。

そのプロセスをまとめたのがこの本です。もちろん、この通りに考えたからと言って、必ず「いいコピー」が書けるとは限りません。ただ、このプロセスでキャッチコピーを書けば、少なくとも自分自身が納得し、提案する相手に「なぜこのコピーがいいのか？」をきちんと説明できるようにはなると思います。

だから、この1冊を30代の自分に一番読ませたい。

最後になりましたが、この本を企画してから3年半、辛抱強くつき合ってくださった編集者の川上聡さんには本当に感謝です。

また、このプロジェクトが一度完全に暗礁に乗り上げかけたときに、私が口述した内容をまとめて文章にしてくれたブックライターの戸田美紀さん、おかげでリスタートがきれました。ありがとうございます。

川上徹也

「ハードセル」「ソフトセル」のテクニックをより知るための推薦図書（本文で紹介した書籍は除く）

ハードセル

『セールスコピー大全』大橋一慶（ぱる出版）

『究極のセールスレター』ダン・ケネディ著、神田昌典 監訳、齋藤慎子 訳（東洋経済新報社）

ソフトセル

『広告コピーってこう書くんだ！読本』谷山雅計（宣伝会議）

『名作コピーの教え』鈴木康之（日本経済新聞出版）

川 上 徹 也（かわかみ　てつや）

コピーライター。湘南ストーリーブランディング研究所代表。

大阪大学人間科学部卒業後、大手広告代理店勤務を経て独立。

数多くの企業の広告制作に携わる。東京コピーライターズクラブ（TCC）新人賞、フジサンケイグループ広告大賞制作者賞、広告電通賞、ACC賞など受賞歴多数。

特に企業や団体の「理念」や商品の「コンセプト」を１行に凝縮する「川上コピー」が得意分野。「物語」の持つ力をマーケティングに取り入れた「ストーリーブランディング」という独自の手法を開発した第一人者として知られる。

現在は、広告制作にとどまらず、さまざまな企業・団体・自治体などのブランディングや研修のサポート、広告・広報アドバイザーなども務める。

著書は『キャッチコピー力の基本』（日本実業出版社）、『物を売るバカ』『１行バカ売れ』（いずれも角川新書）、『ザ・殺し文句』（新潮新書）、『高くてもバカ売れ！　なんで？』（SB新書）など多数。海外にも6か国20冊以上が翻訳されており、台湾や中国などでベストセラーになっている。

キャッチコピーのつくり方《かた》

2024年７月20日　初版発行

著　者　川上徹也
発行者　杉本淳一

発行所　株式会社日本実業出版社　東京都新宿区市谷本村町３−29 〒162-0845
編集部　☎03-3268-5651
営業部　☎03-3268-5161　振　替　00170-1-25349
https://www.njg.co.jp/

印 刷／木元省美堂　　製本／若林製本

ISBN 978-4-534-06118-8　Printed in JAPAN